EL ARTE DEL
PRECIO JUSTO

7 Estrategias Poderosas de Fijación de Precios
y Promociones para Emprendedores Exitosos

JACKELINE VARGAS MONTOYA

CONTENTS

Title Page

Copyright

Introducción   1

Capítulo 1: El Arte de la Fijación de Precios: Maestría en la   4
Valoración Estratégica

Capítulo 2: Estrategias de Promoción Impactantes: Eleva tus   14
Ventas con Ofertas Irresistibles

Capítulo 3: Segmentación de Clientes y Precios   24
Personalizados

Capítulo 4: Marketing Digital y Precios Dinámicos: La   28
Revolución de la Personalización

Capítulo 5: Efecto de Anclaje y Estrategias Psicológicas   33

Capítulo 6: Estrategias de Precio Basadas en la Competencia: 37
Dominando el Arte de la Diferenciación

Capítulo 7: Estrategias de Cross-Selling y Upselling: Aumenta   43
el Valor de Cada Transacción

Capítulo 8: Bonus - Ejercicios Prácticos para la Excelencia en   49
Marketing

AVISO LEGAL   59

INTRODUCCIÓN

Bienvenido a "El Arte del Precio Justo: 7 Poderosas Estrategias de Fijación de Precios y Promociones para Emprendedores Exitosos", un viaje transformador que te sumergirá en el fascinante mundo de las tácticas de fijación de precios y promociones. Este libro está cuidadosamente diseñado para emprendedores que tienen la visión de llevar sus pequeños negocios a nuevas alturas a través de estrategias inteligentes de marketing. A lo largo de estas páginas, exploraremos un abanico de enfoques que abarcan tanto lo tradicional como lo digital, proporcionándote las herramientas necesarias para impulsar tus ventas, elevar el valor de tus clientes y lograr un crecimiento sostenible que te distinga en el mercado competitivo.

En un mundo donde la competencia es feroz y las expectativas de los clientes están en constante evolución, la habilidad para fijar precios efectivos y ejecutar promociones convincentes se convierte en un diferenciador crucial. Este libro está aquí para brindarte una guía clara y completa sobre cómo navegar este terreno desafiante y convertirlo en una oportunidad para el éxito.

Imagina un escenario en el que cada producto o servicio que ofreces se vende con confianza y entusiasmo, y tus clientes no solo regresan, sino que también recomiendan tu negocio a otros. Este escenario es completamente alcanzable a través de las estrategias que exploraremos juntos. No importa si tienes un restaurante acogedor, una tienda de ropa boutique o incluso un negocio en línea que ofrece productos únicos: las tácticas que desglosaremos tienen la versatilidad para adaptarse a tu situación específica y atraer a tu público objetivo.

Antes de sumergirnos en las estrategias y técnicas específicas, es fundamental comprender que fijar precios y crear promociones efectivas no es simplemente un juego de números. Es una combinación de psicología, investigación de mercado y creatividad. A través de este libro, no solo aprenderás a establecer precios que reflejen el valor real de tus productos o servicios, sino que también descubrirás cómo construir promociones que resuenen en un nivel emocional con tu audiencia.

Si bien las estrategias pueden variar según la industria y el contexto, el núcleo del enfoque sigue siendo universal: satisfacer las necesidades de tus clientes mientras generas un flujo constante de ingresos. Aquí, te proporcionaremos las herramientas para lograrlo de manera efectiva y atractiva. No importa si eres nuevo en el mundo del marketing o si ya tienes experiencia; este libro está diseñado para adaptarse a diferentes niveles de conocimiento y llevarte a un nuevo nivel de maestría en la fijación de precios y promociones.

A medida que te embarques en este viaje, mantén en mente que cada página que leas te acerca un paso más a tu objetivo de aumentar tus ventas y construir un negocio más fuerte y próspero. Te acompañare a lo largo de cada capítulo, desglosando conceptos clave, compartiendo ejemplos prácticos y ofreciendo consejos accionables que puedes aplicar de inmediato en tu propio negocio. Además, en el capítulo de bonificación, encontrarás ejercicios diseñados específicamente para aplicar las estrategias aprendidas, lo que te permitirá convertir el conocimiento en acción y medir los resultados tangibles que obtienes.

Así que, querido emprendedor, te invito a sumergirte en las páginas que siguen. Prepárate para descubrir un nuevo enfoque para fijar precios, crear promociones y aumentar tus ventas con sabiduría de marketing. A medida que avanzas, recuerda que estás adquiriendo herramientas poderosas para tomar decisiones informadas que no solo impactarán tu negocio, sino que también te equiparán para enfrentar los desafíos cambiantes del mundo empresarial.

Este libro no es solo un recurso, es tu socio en el camino hacia el éxito. ¡Empecemos este emocionante viaje juntos!

CAPÍTULO 1: EL ARTE DE LA FIJACIÓN DE PRECIOS: MAESTRÍA EN LA VALORACIÓN ESTRATÉGICA

Te damos la bienvenida al apasionante y fundamental primer capítulo de "El Arte del Precio Justo: 7 Estrategias de Fijación de Precios y Promociones para Emprendedores Exitosos". Aquí, nos sumergiremos en el intrigante mundo de la fijación de precios, donde el equilibrio entre el valor percibido por tus clientes y las metas financieras de tu negocio se convierte en un arte estratégico. A medida que exploramos las páginas de este capítulo, descubrirás cómo los precios meticulosamente establecidos no solo atraen a tus clientes, sino que también generan un impacto positivo en tus márgenes de beneficio.

En este capítulo inicial, tendrás la oportunidad de dominar las técnicas esenciales para establecer precios efectivos que reflejen el valor auténtico de tus productos y servicios. Prepárate para sumergirte en el arte de la valoración estratégica y desvelar cómo puedes maximizar tus ganancias a través de una fijación de precios inteligente y bien planificada. Aquí, establecerás los cimientos para un conocimiento sólido que te acompañará a lo largo del viaje hacia la maestría en las estrategias de fijación de precios y promociones.

Comprender El Valor Percibido

La fijación de precios no se trata simplemente de asignar números a tus productos o servicios; es un proceso que implica comprender profundamente el valor que brindan a tus clientes. Antes de determinar un precio, es esencial ponerse en los zapatos de tus clientes y considerar qué están dispuestos a pagar por lo que ofreces. El valor percibido puede estar influenciado por factores como la calidad, la exclusividad, la innovación y la satisfacción que tus productos o servicios proporcionan. Al comprender cómo tus clientes perciben tu oferta, puedes establecer un precio que resuene con ellos y, al mismo tiempo, te permita alcanzar tus objetivos financieros.

Análisis De La Competencia

Una herramienta invaluable en la fijación de precios es el análisis de la competencia. Estudiar cómo tus competidores establecen sus precios te proporcionará una idea de dónde te encuentras en el espectro de precios y cómo te comparas con otros en tu industria. Si bien no debes simplemente imitar los precios de tus competidores, este análisis te ayudará a tomar decisiones informadas sobre cómo posicionarte en el mercado. Pregúntate: ¿ofreces un valor agregado que justifica precios más altos? ¿O prefieres competir en el rango de precios para capturar una porción más amplia del mercado? La clave está en encontrar el equilibrio entre la competitividad y la creación de valor.

Segmentación De Mercado

No todos los clientes son iguales, y esto se aplica a sus percepciones de valor y su disposición a pagar. La segmentación de mercado es una técnica poderosa que te permite dividir a tus clientes en grupos basados en características compartidas, como demografía, comportamiento de compra y necesidades específicas. Al segmentar tu mercado, puedes personalizar tus estrategias de fijación de precios para cada grupo, optimizando tus ingresos. Por ejemplo, puedes ofrecer diferentes versiones de tus productos o servicios a diferentes segmentos, cada una con su propio precio y conjunto de características. Esto no solo aumenta la percepción de valor, sino que también te permite abordar una gama más amplia de clientes.

Técnicas de Fijación de Precios

Ahora que tienes un entendimiento del valor percibido, la competencia y la segmentación de mercado, es hora de explorar algunas técnicas específicas de fijación de precios:

1. **Precio Basado en Costos:** Esta técnica implica agregar un margen de beneficio al costo de producción de tus productos o servicios. Aunque es una forma común de establecer precios, no considera directamente el valor percibido por los clientes. Es importante asegurarse de que el precio resultante sea competitivo en relación con el valor brindado.

Ejemplo: supongamos que eres el propietario de una pequeña tienda de ropa que produce camisetas personalizadas. Cada camiseta tiene un costo de producción de $10, que incluye materiales y mano de obra. Aplicar la técnica de Precio Basado en Costos implica agregar un margen de beneficio al costo de producción.

Si decides aplicar un margen de beneficio del 50%, el cálculo sería el siguiente:

Costo de Producción: $10

Margen de Beneficio (50%): $5

Precio Basado en Costos: $10 + $5 = $15

Entonces, según esta técnica, establecerías el precio de cada camiseta personalizada en $15. Sin embargo, es fundamental tener en cuenta que este enfoque no tiene en cuenta cómo los clientes perciben el valor de la camiseta.

2. **Precio Basado en Valor:** Aquí es donde el valor percibido

juega un papel crucial. En lugar de enfocarse en los costos, esta técnica considera cuánto están dispuestos a pagar los clientes por los beneficios que recibirán. La investigación de mercado y las encuestas pueden ser herramientas útiles para comprender este valor percibido.

Ejemplo: imagina que eres propietario de una encantadora cafetería en el corazón de la ciudad. Has notado que tus clientes aprecian más que solo una taza de café; están buscando una experiencia única y relajante en tu acogedor espacio. Para aplicar la técnica de Precio Basado en Valor, decides investigar a fondo qué aspectos valoran más tus clientes en tu cafetería.

Realizas encuestas entre los clientes habituales y descubres que no solo están pagando por el café, sino por el ambiente acogedor, la música relajante y la atención personalizada que reciben de tus baristas. Descubres que el café en sí es solo una parte del paquete; es la atmósfera que creas y los momentos de tranquilidad que proporcionas lo que realmente les importa.

Armando esta información, decides ajustar tu estrategia de precios. En lugar de simplemente considerar el costo de los ingredientes y la preparación del café, también consideras el valor emocional que brindas a tus clientes. Decides establecer un precio que refleje no solo los gastos operativos, sino también el ambiente relajante y la experiencia enriquecedora que ofreces.

3. **Precio Psicológico:** Esta técnica aprovecha la psicología del consumidor al establecer precios justo por debajo de ciertos umbrales. Por ejemplo, $9.99 en lugar de $10.00. Esto crea la ilusión de que el precio es mucho más bajo de lo que realmente es, lo que puede aumentar las tasas de conversión.

4. **Precio Premium:** Si tu marca se asocia con calidad y

exclusividad, el precio premium puede ser adecuado. Establecer precios más altos puede acentuar la exclusividad y atraer a un público dispuesto a pagar más por la experiencia o la marca.

Ejemplo: Imagina a Juan, un emprendedor apasionado por la enseñanza del inglés, que ha creado una plataforma en línea para impartir clases de inglés de manera efectiva y accesible. A medida que su reputación crece y su enfoque en la calidad educativa se convierte en su sello distintivo, Juan ha decidido introducir una estrategia de precio premium.

Este paquete premium exclusivo va más allá de las lecciones regulares. Juan ha diseñado un programa especial para aquellos estudiantes que desean llevar su aprendizaje al siguiente nivel. Además de las clases regulares y el material de estudio estándar, el paquete premium incluye una serie de beneficios exclusivos. Los estudiantes que optan por este paquete tienen acceso a materiales extras cuidadosamente elaborados, como videos de lecciones avanzadas, ejercicios interactivos de práctica, sesiones de tutoría personalizadas y contenido adicional enriquecedor.

Este enfoque de precio premium se alinea con la visión de Juan de ofrecer a sus estudiantes una experiencia educativa completa y transformadora. Al establecer un precio más alto para este paquete, Juan está transmitiendo a su audiencia que está comprometido en proporcionar un valor excepcional y exclusivo. Los estudiantes que eligen este paquete están dispuestos a invertir en su educación y desean aprovechar al máximo los recursos adicionales que Juan ofrece.

Al destacar la calidad de los materiales extras y los beneficios exclusivos, Juan acentúa la exclusividad de este paquete premium. Esto atrae a un público que valora tanto la excelencia en la enseñanza como la posibilidad de sumergirse en un entorno educativo de alto nivel.

Dentro del universo de la fijación de precios, surgen una serie de preguntas clave que deben ser abordadas. Aquí, en este capítulo, responderemos a algunas de las preguntas más comunes que rodean este tema fundamental:

Punto De Equilibrio

En el mundo de la fijación de precios, una de las decisiones más fundamentales y cruciales que debes tomar es determinar el punto de equilibrio. Este concepto financiero es esencial para evaluar la viabilidad de tu negocio y asegurarte de que tus operaciones sean sostenibles desde el punto de vista económico. El punto de equilibrio se refiere al nivel de ventas en el cual los ingresos totales igualan los costos totales, lo que significa que no se genera ni una ganancia ni una pérdida. Aprender a calcular y comprender el punto de equilibrio es una habilidad esencial para todo emprendedor, ya que te proporciona información clave para tomar decisiones informadas sobre tus estrategias de precios y gestión financiera.

¿Por Qué Es Importante El Punto De Equilibrio?

El punto de equilibrio es más que una simple cifra; es un indicador que te dice mucho sobre la salud financiera de tu negocio. Saber cuántas unidades debes vender para cubrir todos tus costos operativos es esencial para tomar decisiones inteligentes en cuanto a la fijación de precios, la producción y la planificación financiera en general. Sin este conocimiento, podrías encontrarte en una situación en la que estás vendiendo productos a un precio que no cubre tus gastos, lo que podría llevar a pérdidas significativas y poner en riesgo la viabilidad de tu negocio a largo plazo.

¿Cómo Determinar El Punto De Equilibrio?

Calcular el punto de equilibrio implica comprender tus costos fijos y variables, así como tu margen de contribución por unidad. Tus costos fijos son aquellos que no cambian independientemente de la cantidad de productos que vendas, como el alquiler, los salarios del personal y los gastos generales. Los costos variables, por otro lado, cambian en función de la cantidad de productos que produzcas y vendas, como el costo de los materiales y la mano de obra directa.

Para calcular el punto de equilibrio, debes dividir tus costos fijos totales por el margen de contribución por unidad. El margen de contribución es la diferencia entre el precio de venta por unidad y los costos variables por unidad. Este cálculo te indicará cuántas unidades necesitas vender para cubrir tus costos fijos y variables, sin generar ganancias ni pérdidas.

Ejemplo Práctico:

Imagina que Juan, el emprendedor detrás del emprendimiento de clases de inglés en línea, está calculando su punto de equilibrio. Sus costos fijos mensuales son de $5,000, y los costos variables por alumno son de $50 (que incluyen el costo del material). Juan cobra $200 por mes por cada alumno. Por lo tanto, su margen de contribución por alumno sería $200 - $50 = $150.

Ahora, Juan puede calcular el punto de equilibrio dividiendo sus costos fijos mensuales ($5,000) por el margen de contribución por alumno ($150). El resultado es aproximadamente 33.33. Esto significa que Juan necesita vender alrededor de 34 alumnos para cubrir sus costos y alcanzar el punto de equilibrio.

El punto de equilibrio es una herramienta esencial para los emprendedores que desean tomar decisiones informadas sobre sus estrategias de fijación de precios y gestión financiera. Calcularlo te permite comprender cuántas unidades necesitas vender para cubrir tus costos y evitar pérdidas. Al dominar este concepto, puedes tomar decisiones más inteligentes y estar mejor preparado para mantener la viabilidad económica de tu negocio mientras persigues el éxito en el mercado.

¿Cuándo es Apropiado Utilizar Estrategias de Precios Altos o Bajos?

La determinación de la estrategia de fijación de precios adecuada es un aspecto crítico en cualquier estrategia de marketing. La elección entre precios altos y bajos no es un enfoque unilateral; en cambio, depende de varios factores intrincados que deben ser cuidadosamente evaluados para lograr el éxito en el mercado.

Precios Altos: Elevando La Percepción De Valor

La implementación de una estrategia de precios altos puede ser una táctica efectiva en circunstancias específicas. En primer lugar, cuando tu marca se ha establecido como una fuente de calidad y exclusividad, precios más altos pueden reforzar esa percepción y alinearla con la propuesta de valor que ofreces. Este enfoque es especialmente adecuado si ofreces productos o servicios de lujo, premium o únicos en el mercado. Los clientes que buscan experiencias superiores y están dispuestos a pagar más por ellas verán el precio elevado como un indicador de calidad.

Además, los precios altos también pueden ser apropiados cuando tus costos de producción son más altos debido a la alta calidad de los materiales, la artesanía meticulosa o la personalización individualizada. En tales casos, un precio alto refleja el valor real del producto y puede ser defendido por la calidad que ofrece. Esta estrategia también puede ayudar a evitar el deterioro de los márgenes de beneficio, especialmente en productos de nicho donde la competencia es limitada.

La estrategia de precios altos es adecuada cuando tu marca se asocia con calidad, exclusividad y valor superior. Sin embargo, es esencial que esta percepción de calidad esté respaldada por productos o servicios que cumplan con las expectativas de los clientes y justifiquen el precio más alto.

Precios Bajos: Penetración Del Mercado Y Volumen De Ventas

Por otro lado, una estrategia de precios bajos puede ser beneficiosa en ciertos escenarios. Si estás introduciendo un nuevo producto o servicio en el mercado y deseas capturar una participación significativa rápidamente, los precios bajos pueden ser atractivos para atraer a un gran número de clientes potenciales. Esto se conoce como estrategia de penetración del mercado, donde el objetivo es establecer una base de clientes leales que puedan generar ganancias a largo plazo a través de compras repetidas.

Además, los precios bajos pueden ser apropiados cuando compites en un mercado saturado y altamente competitivo. En tales circunstancias, una estrategia de precios bajos puede atraer a los clientes sensibles al precio y posicionarte como una opción más accesible en comparación con tus competidores. Sin embargo, es importante considerar que esta estrategia puede afectar los márgenes de beneficio, por lo que la eficiencia operativa y la reducción de costos son fundamentales para mantener la rentabilidad.

También es esencial recordar que los precios bajos no deben comprometer la calidad percibida por los clientes. Si bien estás ofreciendo precios más bajos, aún debes asegurarte de que tus productos o servicios cumplan con las expectativas y brinden un valor satisfactorio.

El Contexto Como Factor Decisivo

La elección entre estrategias de precios altos o bajos debe basarse en un análisis profundo de tu situación en el mercado, los deseos y percepciones de tus clientes, así como tus objetivos financieros.

No existe un enfoque único que funcione para todos, ya que cada negocio y mercado es único en sí mismo. La comprensión de tu posición en el mercado, tus ventajas competitivas y las preferencias de tus clientes te guiarán hacia la estrategia de precios más adecuada para lograr tus objetivos.

La estrategia de fijación de precios es una decisión crucial que puede afectar la percepción de tu marca, las ventas y la rentabilidad. Tanto los precios altos como los bajos tienen su lugar, dependiendo del contexto y los objetivos. Al considerar cuidadosamente estos factores y comprender cómo se alinean con tu estrategia general de negocio, puedes tomar decisiones informadas que maximicen el valor para tus clientes y tu empresa.

Conclusiones y Recomendaciones

La fijación de precios es un arte estratégico que requiere una combinación de investigación, comprensión del cliente y conocimiento de la competencia. Al dominar las técnicas esenciales y considerar factores como el valor percibido, la segmentación de mercado y las diferentes estrategias de precios, puedes establecer precios efectivos que maximicen tus ganancias y atraigan a tus clientes. En el próximo capítulo, continuaremos nuestro viaje explorando las estrategias de promoción persuasiva que complementarán tus esfuerzos de fijación de precios. ¡Prepárate para aprender cómo impulsar aún más tus ventas a través de tácticas de promoción estratégicas y efectivas!

CAPÍTULO 2: ESTRATEGIAS DE PROMOCIÓN IMPACTANTES: ELEVA TUS VENTAS CON OFERTAS IRRESISTIBLES

En este capítulo, nos sumergiremos en el mundo vibrante de las estrategias de promoción. Aquí, desvelaremos no solo cómo llamar la atención de tus clientes, sino también cómo transformar esa atención en ventas concretas. Desde descuentos estratégicos hasta tentadores paquetes y regalos, exploraremos una amplia gama de enfoques que te permitirán potenciar tus ingresos y dejar una huella duradera en tu audiencia. A lo largo de este capítulo, te guiaré en el proceso de seleccionar la estrategia de promoción adecuada para tu negocio, considerando factores clave como tus objetivos, tu audiencia y la estacionalidad.

El Arte de la Promoción: Desatando el Poder de la Persuasión

Las promociones son una forma poderosa de comunicarte con tus clientes y motivarlos a actuar. Pero aquí reside la clave: no todas las promociones son iguales. Un enfoque astuto y estratégico es esencial para evitar la devaluación de la marca y para garantizar que tus promociones resuenen auténticamente con tu audiencia.

Comprendiendo La Diferencia: Promociones A Corto Y Largo Plazo

Dentro del mundo del marketing, la toma de decisiones estratégicas es una tarea clave que define la dirección y el éxito de cualquier negocio. Uno de los cruces cruciales en este viaje es la elección entre las promociones a corto y largo plazo. Cada enfoque tiene sus propias implicaciones y beneficios únicos, y entender cómo aplicarlos estratégicamente es esencial para crear una experiencia de promoción efectiva y coherente. En esta sección, exploraremos en profundidad las diferencias entre las promociones a corto y largo plazo, y cómo elegir el enfoque adecuado para tu negocio.

Promociones A Corto Plazo: Creando Urgencia Y Emoción

Las promociones a corto plazo son conocidas por su capacidad para generar un sentido inmediato de urgencia y emoción entre los consumidores. Estas promociones tienden a ser efímeras y enfocadas en la obtención de resultados rápidos. Ejemplos de este tipo de promociones incluyen ofertas relámpago, descuentos por tiempo limitado y ventas especiales de temporada.

El objetivo principal de las promociones a corto plazo es atraer la atención del público y motivar a los consumidores a tomar medidas rápidas. Al crear una sensación de escasez o la idea de que están obteniendo un trato excepcional, las promociones a corto plazo pueden aumentar las tasas de conversión y generar un impulso en las ventas en un corto período de tiempo.

Promociones A Largo Plazo: Construyendo Relaciones Duraderas

Por otro lado, las promociones a largo plazo se centran en la construcción de relaciones duraderas y profundas con los clientes. Estas estrategias van más allá de la gratificación instantánea y buscan establecer una conexión continua entre la marca y los consumidores. Ejemplos de promociones a largo plazo incluyen programas de fidelización, descuentos continuos para ciertos grupos de clientes (como estudiantes o miembros de una organización) y membresías premium.

El objetivo de las promociones a largo plazo es nutrir la lealtad del cliente y mantener una relación constante en el tiempo. Estas estrategias reconocen que el valor no se limita a una única transacción, sino que se construye a través de interacciones repetidas y experiencias consistentemente positivas. Al recompensar a los clientes leales con descuentos o beneficios especiales a lo largo del tiempo, las promociones a largo plazo pueden fomentar la retención de clientes y aumentar el valor de por vida del cliente.

Equilibrando Lo Corto Y Lo Largo Plazo: Estrategias Coherentes Y Valiosas

La pregunta clave para los emprendedores y especialistas en marketing es cómo equilibrar adecuadamente las promociones a corto y largo plazo para crear una experiencia coherente y valiosa para los clientes. La respuesta radica en la comprensión de los objetivos y necesidades de tu negocio, así como en el conocimiento profundo de tu audiencia.

Las promociones a corto plazo pueden ser herramientas efectivas para generar un impulso de ventas y atraer nuevos clientes, pero es importante no caer en una excesiva dependencia de estas estrategias. Rodearse constantemente de promociones a corto plazo puede diluir el valor percibido de tu producto o servicio, y los consumidores podrían comenzar a esperar descuentos constantes en lugar de valorar la calidad y el contenido real.

Además, las promociones a largo plazo pueden fortalecer la lealtad de los clientes y crear conexiones duraderas, pero es fundamental que estas estrategias sigan siendo atractivas y significativas con el tiempo. La clave está en ofrecer incentivos que continúen siendo relevantes para tus clientes y que reflejen un verdadero reconocimiento por su lealtad.

El enfoque óptimo dependerá de tu audiencia, tus objetivos comerciales y la naturaleza de tus productos o servicios. Una combinación bien equilibrada de promociones a corto y largo plazo puede crear un flujo constante de ventas, atraer nuevos clientes y mantener a los existentes comprometidos. La clave está en encontrar el equilibrio adecuado que genere valor a corto y largo plazo, y que refleje la esencia única de tu negocio.

Comprender la diferencia entre promociones a corto y largo plazo es esencial para diseñar una estrategia de marketing efectiva. Tanto las promociones a corto plazo como a largo plazo tienen su lugar en el mundo del marketing, y su impacto depende de cómo se implementen y equilibren en relación con los objetivos de tu negocio y las necesidades de tus clientes. Al comprender cuándo y cómo aplicar cada tipo de promoción, puedes aprovechar su potencial para impulsar ventas, construir relaciones sólidas y establecer tu negocio en el camino hacia el éxito sostenible en el mercado.

Evitando La Trampa De La Devaluación De La Marca

Cuando se trata de promociones, existe un desafío fundamental que todo emprendedor debe enfrentar: evitar la trampa de la devaluación de la marca. Si bien las promociones agresivas y constantes pueden parecer una forma efectiva de atraer a los clientes, también pueden erosionar la percepción de valor de tu marca en el largo plazo. Es esencial encontrar el delicado equilibrio entre ofrecer incentivos atractivos y preservar la integridad y calidad que tu marca representa.

La devaluación de la marca ocurre cuando los consumidores comienzan a asociar tu producto o servicio únicamente con los precios bajos y las promociones frecuentes. Esto puede socavar la imagen de calidad y exclusividad que has trabajado arduamente para construir. En lugar de que tu marca sea vista como líder en su categoría, podría ser percibida como una opción económica, lo que potencialmente aleja a aquellos clientes dispuestos a pagar más por una experiencia superior.

El Equilibrio Entre Incentivos Y Valor:

Una de las claves para evitar la devaluación de la marca es encontrar el equilibrio adecuado entre los incentivos de promoción y el valor percibido de tus productos o servicios. Las promociones deben ser una herramienta para atraer a nuevos clientes, recompensar la lealtad y aumentar las ventas, pero no a expensas de sacrificar la calidad y la imagen de tu marca.

Una estrategia efectiva es ofrecer incentivos que aporten valor sin comprometer la esencia de tu negocio. Por ejemplo, en lugar de reducir drásticamente los precios de tus productos, considera agregar valor adicional, como obsequios o servicios complementarios. Esto permite que los clientes perciban que están obteniendo más por su dinero sin cuestionar la calidad subyacente de tus ofertas.

Manteniendo La Integridad De La Marca:

Una marca sólida se basa en la confianza y la coherencia. Para evitar la devaluación de la marca, es fundamental que tus promociones se alineen con los valores y la identidad de tu negocio. Si tu marca se ha construido en torno a la calidad premium, las promociones que minimizan drásticamente los precios pueden socavar esa imagen. En su lugar, busca formas de ofrecer ventajas que enriquezcan la experiencia del cliente y refuercen los valores de tu marca.

Las promociones deben ser una extensión natural de lo que tu marca representa. Por ejemplo, si tu negocio se enfoca en la sostenibilidad, considera promociones que ofrezcan productos con un enfoque ecológico o que donen parte de las ganancias a causas benéficas. Esto no solo aporta valor adicional, sino que también refuerza la imagen de tu marca como una entidad comprometida con algo más grande que las ventas.

Creando Ofertas Impactantes:

La clave para evitar la devaluación de la marca radica en crear ofertas que generen un impacto positivo en tus clientes. En lugar de inundar el mercado con promociones constantes, elige momentos estratégicos para ofrecer incentivos que sean genuinamente atractivos y relevantes. Esto puede incluir lanzamientos especiales, ocasiones festivas o eventos que se alineen con la historia de tu marca.

Además, comunica de manera clara y transparente el valor de tus promociones. Destaca cómo tu oferta está diseñada para mejorar la vida de tus clientes y cómo se alinea con los valores de tu marca. La narrativa que rodea a tus promociones puede marcar la diferencia en cómo los clientes las perciben. En lugar de centrarte únicamente en el precio, destaca los beneficios tangibles que tus clientes obtendrán al aprovechar la oferta.

Evitar la trampa de la devaluación de la marca es esencial para mantener una imagen sólida y confiable en el mercado. Las promociones deben ser estratégicas y estar alineadas con la identidad y los valores de tu marca. Al encontrar el equilibrio entre ofrecer incentivos y mantener la integridad de tu negocio, puedes garantizar que tus promociones aumenten el valor percibido de tus productos o servicios en lugar de disminuirlo.

Personalización y Segmentación: La Llave para Promociones Efectivas

En un mundo donde la competencia es feroz y las expectativas de los clientes están en constante evolución, la promoción efectiva es esencial para destacar en el mercado. No se trata solo de reducir precios o lanzar ofertas aleatorias; se trata de diseñar estrategias creativas que capturen la atención de tu audiencia, generen un sentido de urgencia y se alineen con la propuesta de valor de tu negocio.

Descuentos Estratégicos:

Los descuentos pueden ser una herramienta poderosa para atraer a nuevos clientes y recompensar a los clientes leales. Sin embargo, la clave está en aplicarlos estratégicamente. En lugar de simplemente reducir los precios en un producto, considera el uso de descuentos condicionales. Por ejemplo, ofrece un descuento en la próxima compra después de que un cliente haya realizado una compra inicial. Esto no solo alienta la repetición de compra, sino que también crea una sensación de gratificación que puede llevar a la lealtad a largo plazo.

Bundles Irresistibles: Mayor Valor, Mayor Encanto

Los bundles, o paquetes, son una forma efectiva de aumentar el valor percibido por el cliente. En lugar de simplemente reducir el precio de un producto, los bundles ofrecen múltiples productos o servicios a un precio atractivo.

Al agrupar varios elementos relacionados en un solo paquete a un precio ligeramente más bajo que si se compraran por separado, puedes tentar a los clientes a comprar más. Ejemplo, imagina que estás vendiendo cursos de inglés en línea. En lugar de vender solo lecciones individuales, puedes crear un paquete que incluya varios niveles de cursos a un precio atractivo. Esto no solo fomenta la venta cruzada, sino que también da a los clientes la sensación de obtener más por su dinero.

Programas De Lealtad Y Recompensas:

Fomentar la lealtad de los clientes es fundamental para el crecimiento a largo plazo. Los programas de lealtad y recompensas son una excelente manera de lograrlo. Ofrecer puntos por cada compra que los clientes puedan canjear por descuentos futuros o productos adicionales puede incentivar a los clientes a seguir comprando contigo. Además, considera ofrecer recompensas especiales para clientes leales, como acceso anticipado a nuevos productos o eventos exclusivos. Ejemplo: Supongamos que María tiene una estética y decide Crea un programa de lealtad donde los clientes acumulen puntos cada vez que reciban un servicio. Después de acumular cierta cantidad de puntos, pueden canjearlos por un tratamiento gratuito o un descuento en su próxima visita. Esto fomenta la repetición de visitas y la lealtad a largo plazo.

Promociones Temporales:

La urgencia es un potente impulsor de la acción. Las promociones temporales, como ventas flash o descuentos de "solo por hoy", pueden llevar a los clientes a tomar decisiones de compra más rápidas. La sensación de que están obteniendo una oferta especial y que deben actuar antes de que la oportunidad desaparezca puede crear un sentido de urgencia que impulse las ventas. Por ejemplo: Durante el mes de tu aniversario de apertura de la estética de María, ella decidió ofrecer una promoción de "Renueva tu Belleza" con un 20% de descuento en todos los servicios durante una semana. Esta estrategia genera una sensación de urgencia y celebra el éxito de tu negocio al ofrecer a los clientes una oportunidad limitada.

Colaboraciones Estratégicas:

Considera asociarte con otras marcas o negocios para crear promociones conjuntas. Esto no solo te expone a una nueva audiencia, sino que también puede añadir valor a tus ofertas. Por ejemplo, Imagina que eres el dueño una pizzería local y para el día de San Valentín, te asocias con una tienda local de vinos y licores. Juntos, pueden crear un paquete especial para este día. Por ejemplo, podrían ofrecer un "Paquete de Noche de Pizza y Vino" que incluya una pizza grande de tu pizzería y una botella de vino de la tienda local. Esto no solo agrega un toque sofisticado a la experiencia de tus clientes, sino que también atrae a parejas y grupos que buscan una velada relajante y deliciosa. La colaboración no solo aumenta la exposición de ambos negocios, sino que también brinda a tus clientes una experiencia única que combina lo mejor de ambos mundos: pizza deliciosa y una selección de vinos cuidadosamente elegidos.

Regalos Y Bonificaciones: Creando Emoción Y Gratitud

La estrategia de regalos y bonificaciones tiene un impacto emocional significativo en los clientes. Cuando un cliente recibe algo inesperado y valioso junto con su compra, es natural que sienta emoción y gratitud. Este sentimiento de aprecio no solo mejora su satisfacción con la transacción, sino que también contribuye a una percepción positiva de tu marca en general.

Supongamos que tienes un negocio de productos de cuidado de la piel y decides ofrecer una bonificación de muestras de productos adicionales con cada compra. Este gesto no solo permite a tus clientes probar productos nuevos, sino que también genera una sensación de reconocimiento y cuidado por parte de tu marca. Los clientes se sienten valorados y apreciados, lo que fortalece su conexión emocional contigo.

Comunicación En Los Regalos Y Bonificaciones:

La forma en que presentas los regalos y bonificaciones es esencial para su efectividad. La comunicación impactante crea anticipación y resalta el valor adicional que estás brindando. En lugar de tratarlo como un simple "añadido", comunica el regalo de manera destacada. Usa un lenguaje que resalte su valor y cómo enriquece la experiencia del cliente.

Por ejemplo, si vendes productos de fitness en línea y ofreces un plan de entrenamiento gratuito como regalo, podrías comunicarlo así: "¡Obtén tu kit de inicio fitness y recibe un plan de entrenamiento personalizado GRATIS para maximizar tus resultados!".

La estrategia de regalos y bonificaciones va más allá de

la transacción individual; es una oportunidad para cultivar relaciones a largo plazo con tus clientes. Al brindar valor adicional de manera constante, generas confianza y lealtad. Los clientes satisfechos no solo regresarán para futuras compras, sino que también pueden convertirse en embajadores de tu marca, recomendándote a otros.

Contenido Promocional Creativo:

Además de las tácticas tradicionales, el contenido creativo puede desempeñar un papel crucial en la promoción. Utiliza las redes sociales y el marketing de contenidos para crear historias envolventes alrededor de tus productos o servicios. Comparte testimonios de clientes satisfechos, muestra casos de éxito y crea contenido educativo que resalte los beneficios de lo que ofreces. Esto no solo construirá una conexión emocional con tu audiencia, sino que también reforzará la propuesta de valor de tu negocio.

Conclusiones y Recomendaciones

Al finalizar este capítulo, te encuentras ahora equipado con un conocimiento basto sobre cómo crear promociones que impulsen tus ventas y conecten con tus clientes en un nivel emocional. Desde descuentos estratégicos hasta bundles irresistibles, has explorado una amplia gama de enfoques que pueden adaptarse a tu negocio y audiencia específicos.

Recuerda que cada estrategia de promoción debe ser cuidadosamente considerada y alineada con tus objetivos y valores de marca. La promoción no solo se trata de reducir los precios, sino de crear una experiencia atractiva y auténtica para tus clientes. Continuemos nuestro viaje, en el próximo capitulo exploramos las Segmentación de Clientes y Precios Personalizados, que te ayudarán a llevar tu negocio al siguiente nivel. ¡Prepárate para crear ofertas únicas que conecten y conviertan!

CAPÍTULO 3: SEGMENTACIÓN DE CLIENTES Y PRECIOS PERSONALIZADOS

En un entorno empresarial dinámico y en constante transformación, entender a fondo a tu público es esencial para alcanzar el éxito. La segmentación de clientes se convierte en la clave maestra que abre la puerta hacia una comprensión profunda y una conexión sólida con tus consumidores. En este capítulo, nos adentraremos en el universo de la segmentación de clientes y exploraremos cómo esta práctica puede ser el motor transformador detrás de tus estrategias de fijación de precios y promociones. Descubrirás cómo la segmentación de clientes puede permitirte mantener una ventaja competitiva y una relación sólida con tus consumidores.

La Poderosa Ventaja de la Segmentación

En el corazón de la segmentación de clientes se encuentra el reconocimiento de que no todos los clientes son iguales. Cada individuo trae consigo una serie única de preferencias, necesidades y comportamientos de compra. Al segmentar tu base de clientes en grupos más pequeños y afines, puedes dirigir tus esfuerzos de manera más precisa y efectiva.

Pregunta Clave: ¿Cómo Crear Ofertas Personalizadas Sin Perder Rentabilidad?

Crear ofertas personalizadas no significa sacrificar tus márgenes de beneficio. Al contrario, la segmentación te permite identificar oportunidades para optimizar tus ingresos y satisfacer a tus clientes al mismo tiempo. Imagina que tienes una tienda de ropa que atiende tanto a jóvenes entusiastas de la moda como a profesionales que buscan prendas de alta calidad. Con la segmentación, puedes diseñar promociones que se alineen con las preferencias de cada grupo. Por ejemplo, ofrecer descuentos en artículos de tendencia para los jóvenes, mientras que presentas promociones de calidad y durabilidad para los profesionales. Esto no solo genera ventas, sino que también construye la percepción de que estás prestando atención a las necesidades individuales de tus clientes.

Los Cimientos De La Segmentación Exitosa

¿Cómo comienzas a segmentar tu base de clientes? El proceso comienza con la recopilación y análisis de datos. Los datos son la columna vertebral de la segmentación exitosa, ya que te permiten dividir a tu audiencia en grupos significativos. ¿Qué datos son cruciales para segmentar con éxito? Aquí hay algunas categorías clave:

1. **Demografía:** Factores como la edad, el género, la ubicación y el nivel de ingresos pueden ser factores decisivos en las preferencias de compra de los clientes.

2. **Comportamiento de Compra:** Observar lo que compran tus clientes y con qué frecuencia puede revelar patrones que te ayuden a personalizar tus estrategias.

3. **Intereses y Preferencias:** Los intereses y pasatiempos de tus clientes pueden influir en sus decisiones de compra. Por ejemplo, los amantes del fitness pueden responder bien a promociones relacionadas con productos deportivos.

4. **Historial de Interacción:** El seguimiento de la interacción del cliente con tu negocio, ya sea en línea o fuera de línea, puede proporcionar una visión más

profunda de su compromiso y necesidades.

5. **Feedback y Opiniones:** Las opiniones de los clientes son un tesoro de información. A través de encuestas y reseñas, puedes obtener ideas sobre lo que valoran y lo que les gustaría ver mejorado.

El Rol del Marketing Digital en la Segmentación

En la era digital, el marketing desempeña un papel esencial en la segmentación efectiva. La recopilación de datos en línea puede ser especialmente valiosa para identificar tendencias y patrones de comportamiento. Las redes sociales, las búsquedas en línea y las interacciones en tu sitio web pueden proporcionar información valiosa sobre las preferencias de tus clientes.

Pregunta Clave: ¿Cuál Es El Papel Del Marketing Digital En La Segmentación?

Imagina que diriges una tienda en línea que vende productos para el cuidado de la piel. A través del análisis de datos de tus redes sociales y de las páginas más visitadas en tu sitio web, notas que hay un interés significativo en productos antienvejecimiento. Utilizando esta información, puedes crear promociones específicas para productos antienvejecimiento y dirigirlas a ese segmento particular. Esto no solo aumenta la probabilidad de ventas, sino que también muestra a tus clientes que estás atento a sus necesidades y deseos.

Adaptando Las Estrategias De Precios Y Promociones

Una vez que hayas segmentado tu base de clientes y comprendas las características únicas de cada grupo, es el momento de adaptar tus estrategias de precios y promociones. Por ejemplo, podrías ofrecer descuentos especiales a segmentos que son más sensibles al precio, mientras que podrías centrarte en agregar valor a través de promociones de regalos para aquellos segmentos que valoran la calidad y la exclusividad.

Impulsa La Lealtad Del Cliente Y Mejora Tus Márgenes De Beneficio

La segmentación no solo te permite crear ofertas más personalizadas, sino que también juega un papel clave en la mejora de la lealtad del cliente. Cuando los clientes sienten que reciben promociones y precios adaptados a sus necesidades, es más probable que vuelvan a tu negocio en lugar de explorar alternativas. Además, al dirigir tus promociones a segmentos específicos, puedes optimizar tus márgenes de beneficio, ya que estás proporcionando exactamente lo que tus clientes están buscando.

Conclusiones y Recomendaciones

La segmentación de clientes es una herramienta poderosa que te permite comprender a tu audiencia en un nivel profundo y personalizado. Al abordar las necesidades únicas de cada segmento, puedes crear ofertas que resuenen, impulsar la lealtad del cliente y maximizar tus beneficios. En el siguiente capítulo, exploraremos el impacto del Marketing Digital y Precios Dinámico en tus estrategias de fijación de precios y promociones, desvelando cómo la tecnología anticipa los patrones de compra y modificar los precios para maximizar los ingresos. Con esta nueva perspectiva, estarás un paso más cerca de convertirte en un maestro de la fijación de precios y las promociones.

CAPÍTULO 4: MARKETING DIGITAL Y PRECIOS DINÁMICOS: LA REVOLUCIÓN DE LA PERSONALIZACIÓN

En el apasionante universo del marketing, el cambio constante y la innovación definen la senda del éxito. En este capítulo, daremos un audaz salto hacia el marketing digital y los precios dinámicos, dos fuerzas que convergen para crear la apasionante Revolución de la Personalización.

Los límites entre el mundo tangible y el virtual se desvanecen mientras las empresas exploran novedosas formas de conectar con su audiencia en línea. Desde el auge de las redes sociales hasta la generación de experiencias personalizadas, el marketing digital emerge como el motor del cambio, redefiniendo cómo las marcas construyen conexiones duraderas.

Precio Dinámico: La Armonía entre Ciencia de Datos y Mercadotecnia

El precio dinámico es una práctica que utiliza algoritmos y análisis de datos en tiempo real para ajustar los precios de productos y servicios según diversos factores. Esto permite a las empresas reaccionar ágilmente a la demanda cambiante, el comportamiento del consumidor y las condiciones del mercado. A través de la inteligencia artificial y el aprendizaje automático, las empresas pueden anticipar los patrones de compra y modificar los precios en consecuencia. Por ejemplo, si un producto se vende más en ciertos momentos del día, el precio puede ajustarse para maximizar los ingresos durante esos períodos de alta demanda.

La personalización es un componente clave en el precio dinámico. A medida que las empresas recopilan y analizan datos sobre las preferencias y hábitos de compra de los clientes, pueden ajustar los precios de manera individualizada para crear ofertas atractivas y relevantes. Esto impulsa la lealtad del cliente y fomenta una mayor participación, ya que los consumidores se sienten valorados al recibir ofertas personalizadas que se ajustan a sus necesidades específicas.

Privacidad Del Cliente: Un Delicado Equilibrio

Si bien la personalización basada en datos es poderosa, también plantea cuestiones de privacidad. Los consumidores están cada vez más conscientes de la forma en que se recopilan y utilizan sus datos. Como empresario, es fundamental establecer un equilibrio entre la personalización y la privacidad. La transparencia en la recopilación de datos y la obtención del consentimiento del cliente son elementos cruciales para construir relaciones sólidas y de confianza. Al comunicar claramente cómo se utilizan los datos y cómo se benefician los clientes, puedes mitigar preocupaciones y garantizar una experiencia positiva para ellos.

El Futuro Del Marketing Digital Y Los Precios Dinámicos

El marketing digital está evolucionando a un ritmo impresionante, y los precios dinámicos están en el corazón de esta transformación. A medida que las tecnologías avanzan y las interacciones digitales se vuelven más sofisticadas, las posibilidades para personalizar la experiencia del cliente continúan expandiéndose. Imagina un futuro en el que las ofertas se ajusten en tiempo real a las preferencias cambiantes de los consumidores, creando una conexión más profunda entre el negocio y el cliente.

Además, la inteligencia artificial y el análisis de datos están impulsando la toma de decisiones más informadas. Las empresas pueden anticipar tendencias y ajustar sus estrategias de precios para maximizar los beneficios. Sin embargo, esta automatización no reemplaza la intuición humana y el conocimiento del mercado. Más bien, actúa como una herramienta poderosa que guía las decisiones y permite una adaptación más rápida a los cambios.

En última instancia, el marketing digital y los precios dinámicos están llevando a las empresas a una nueva era de compromiso con el cliente y eficiencia en la toma de decisiones. A medida que la tecnología continúa avanzando y los consumidores buscan experiencias más personalizadas, el desafío y la oportunidad radican en crear una estrategia de precios dinámicos que responda a las necesidades cambiantes mientras se mantiene el respeto por la privacidad del cliente. Este capítulo te ha brindado una visión detallada de cómo estos conceptos están moldeando el panorama empresarial, y cómo puedes aprovecharlos para destacarte en un mercado cada vez más competitivo.

Promociones En La Era Digital: Llegando A Tus Clientes Dondequiera Que Estén

La revolución digital ha transformado la forma en que las empresas se conectan con sus audiencias. Las promociones, una herramienta clave en el arsenal del marketing, han encontrado un nuevo hogar en el mundo en línea. Desde las redes sociales hasta el email marketing, la era digital ofrece una multitud de canales para llegar a tus clientes de manera efectiva.

Las redes sociales son una plataforma poderosa para promocionar tus productos y servicios. La capacidad de dirigirte a públicos específicos según su edad, ubicación, intereses y más, permite una personalización excepcional. Las campañas promocionales pueden diseñarse para llegar exactamente a las personas que son más propensas a estar interesadas en lo que tienes para ofrecer.

El email marketing, aunque no es nuevo, sigue siendo un canal valioso. Los correos electrónicos personalizados pueden proporcionar ofertas exclusivas a los suscriptores y mantener a tus clientes informados sobre las últimas novedades. Sin embargo, es esencial equilibrar la promoción con contenido valioso para evitar que tus correos sean considerados spam.

Las páginas web y los anuncios en línea también juegan un papel fundamental en la promoción digital. La capacidad de segmentar audiencias y mostrar anuncios relevantes aumenta la probabilidad de conversión. Además, las promociones digitales suelen ser más rastreables, lo que te permite medir el impacto de tus estrategias y ajustarlas en consecuencia.

La era digital ofrece un mundo de oportunidades para crear y ejecutar promociones efectivas. Sin embargo, es esencial recordar que, aunque los canales han cambiado, los principios fundamentales del marketing siguen siendo los mismos. La autenticidad, la relevancia y la creación de valor siguen siendo elementos clave para que tus promociones resuenen en un nivel profundo con tus clientes.

Conclusiones y Recomendaciones

Este capítulo ha sido un viaje al mundo en constante evolución del marketing digital y los precios dinámicos. Desde la personalización basada en datos hasta las promociones en línea, hemos explorado cómo las empresas están utilizando estas herramientas para atraer y retener a los clientes en la era digital. Con un ojo en el futuro, hemos examinado cómo el marketing digital continuará transformándose y cómo los precios dinámicos seguirán siendo una parte esencial de esta transformación. A medida que avanzamos en este libro, mantén estas ideas en mente, ya que las estrategias que exploramos en capítulos anteriores se combinan con la tecnología más avanzada para formar un enfoque integral que te ayudará a crecer y prosperar en el mundo empresarial en constante cambio. En el siguiente capítulo, exploraremos estrategias psicológicas y su utilización en la fijación de precios y promociones, cómo la psicología del marketing ayuda a fijar precios comprobadamente atractivos para el cliente y aumenta la posibilidad de venta de productos y servicios. ¡Listo para el próximo capitulo!

CAPÍTULO 5: EFECTO DE ANCLAJE Y ESTRATEGIAS PSICOLÓGICAS

En este profundo análisis, adentrémonos en el mundo fascinante de la psicología del consumidor y cómo sus mecanismos subyacentes influyen en la toma de decisiones de compra. En un mercado abarrotado de opciones y constantes estímulos, comprender cómo la mente del consumidor procesa la información y evalúa el valor es un componente esencial para cualquier estrategia de fijación de precios y promociones efectiva.

El Efecto de Anclaje: Creando Puntos de Referencia Significativos

El efecto de anclaje es una de las herramientas más poderosas a disposición de los emprendedores. Este efecto se basa en la tendencia humana a tomar decisiones en relación con un valor inicial, o "ancla", que se presenta. En otras palabras, el primer número que vemos actúa como una referencia para nuestras evaluaciones subsiguientes. Este concepto puede ser aplicado de manera inteligente para influir en cómo los clientes perciben los precios.

¿Cómo se aplica este concepto en el mundo de los negocios? Imagina que estás presentando un producto innovador en tu tienda de electrónicos. Decides mostrar un modelo premium con un precio más alto al principio. Cuando los clientes ven este producto, establece un ancla en sus mentes. Luego, cuando presentas productos de precios inferiores, estos son comparados con el ancla establecida previamente. Como resultado, esos productos parecen más asequibles y, por lo tanto, más atractivos en comparación.

Aprovechar el efecto de anclaje requiere un enfoque estratégico. Debes identificar el producto o servicio que deseas utilizar como ancla y presentarlo de manera efectiva. Esto puede influir en la percepción del valor y permitirte influenciar la decisión de compra de tus clientes de manera sutil pero impactante.

Las Emociones En La Fijación De Precios: Creando Conexiones Significativas

El proceso de compra no es exclusivamente racional. Las emociones juegan un papel vital en la toma de decisiones del consumidor. Al comprender cómo las emociones se entrelazan con la fijación de precios y las promociones, puedes adaptar tus estrategias para generar conexiones más profundas con tus clientes.

Por ejemplo, considera una pequeña cafetería que ofrece café gourmet. El propietario podría decidir aumentar ligeramente el precio de su café de especialidad y, al mismo tiempo, crear una promoción que ofrezca a los clientes leales una bebida gratuita después de comprar cinco cafés. Este enfoque no solo utiliza el efecto de anclaje para ajustar las percepciones de precio, sino que también aprovecha la emoción de la recompensa gratuita para aumentar la fidelidad del cliente y generar una experiencia emocional positiva.

Evitando La Percepción De Manipulación: Ética En Las Estrategias Psicológicas

Si bien las estrategias psicológicas pueden ser altamente efectivas, es esencial abordarlas desde una perspectiva ética. Evitar que estas tácticas parezcan manipuladoras es crucial para mantener la confianza de tus clientes. Para lograrlo, la transparencia es clave. Siempre comunica claramente cualquier promoción o estrategia de precios, y enfoca tus esfuerzos en mejorar la experiencia general del cliente en lugar de simplemente maximizar las ganancias.

El efecto de anclaje y otras estrategias psicológicas pueden ser herramientas poderosas para influir en la percepción de valor y en la toma de decisiones de compra de tus clientes. Sin embargo, es importante utilizar estas estrategias de manera ética y transparente, garantizando que los clientes se sientan valorados y respetados en todo momento.

Generando Urgencia Y Escasez: Acciones Rápidas Y Decisiones Impulsivas

La escasez y la urgencia son dos factores psicológicos que pueden tener un impacto significativo en las decisiones de compra. La percepción de que un producto o promoción está disponible por un tiempo limitado o en cantidades limitadas puede impulsar a los clientes a tomar medidas rápidas y decisivas.

La escasez crea un sentido de exclusividad y valor alrededor de un producto o servicio. Cuando los clientes sienten que algo está en riesgo de agotarse, se sienten motivados a actuar para asegurarse de obtenerlo antes de que desaparezca. Esto puede aplicarse a promociones limitadas en tiempo o cantidad, impulsando la demanda y aumentando la emoción alrededor de la oferta.

Por otro lado, la urgencia se refiere a la necesidad inmediata de actuar. Puedes crear urgencia resaltando los beneficios de actuar rápidamente o destacando las consecuencias negativas de no hacerlo. Por ejemplo, en una tienda de ropa, una promoción podría ser presentada como "¡Solo por hoy!" o "¡No pierdas esta oportunidad!".

La combinación de escasez y urgencia puede ser particularmente efectiva. Por ejemplo, un restaurante podría ofrecer un "menú especial de edición limitada" solo durante un fin de semana específico. Al combinar la escasez de opciones con la urgencia de tiempo, los clientes pueden sentirse motivados a visitar el restaurante y probar el menú antes de que termine la oportunidad.

Es importante señalar que, si bien la escasez y la urgencia pueden generar resultados positivos, deben ser utilizadas con sensatez y sinceridad. No exageres ni falsifiques estas condiciones, ya que esto puede dañar la confianza del cliente y perjudicar la reputación de tu negocio.

Conclusiones y Recomendaciones

El efecto de anclaje y las estrategias psicológicas, así como la creación de escasez y urgencia, son herramientas que pueden elevar tus estrategias de fijación de precios y promociones a un nivel completamente nuevo. Al comprender cómo funciona la mente del consumidor y cómo reacciona a diferentes estímulos, puedes diseñar enfoques que resuenen con tus clientes y generen un impacto duradero.

Sin embargo, a medida que exploramos estas estrategias, es fundamental mantener una perspectiva ética y transparente. La confianza del cliente es un activo invaluable, y cualquier táctica que utilices debe estar respaldada por un compromiso genuino con la satisfacción del cliente y la creación de valor.

En el siguiente capítulo, nos sumergiremos más en el viaje explorando las estrategias basadas en la competencia, y cómo puedes aplicar estas tácticas para destacarte en el mercado y mejorar tu rentabilidad. Desde la diferenciación inteligente hasta la creación de una ventaja competitiva sólida, descubrirás cómo adaptar estas técnicas para crear un impacto significativo en tu posición en el mercado y en tus resultados financieros. ¡Prepárate para abrir las puertas a un panorama de enfoques frescos y herramientas estratégicas que te impulsarán a elevar tu negocio!

CAPÍTULO 6: ESTRATEGIAS DE PRECIO BASADAS EN LA COMPETENCIA: DOMINANDO EL ARTE DE LA DIFERENCIACIÓN Y LA RENTABILIDAD

Te doy la bienvenida al emocionante Capítulo 6 de "Estrategias Maestras de Precios y Promociones". En este tramo del viaje estarás equipado con las herramientas y conocimientos necesarios para destacar en un mercado repleto de desafíos y oportunidades. A medida que te sumerjas en el mundo de las estrategias de precio basadas en la competencia, aprenderás cómo navegar las aguas de la rivalidad empresarial y utilizarlas a tu favor. Desde la evaluación exhaustiva de tus competidores hasta el empleo de inteligencia de mercado, descubrirás cómo generar ventajas competitivas y establecer una posición sólida en tu industria.

Desentrañando el Valor de la Competencia

La competencia en el mercado puede ser tanto un desafío como una oportunidad. Mientras que algunos emprendedores se sienten abrumados por la presencia de otros actores en el campo, los visionarios entienden que la competencia puede ser una fuente inagotable de conocimiento. Comprender lo que están haciendo tus competidores, cómo se están posicionando y qué precios están estableciendo, te brinda una hoja de ruta valiosa para diferenciarte y tener un impacto significativo en tu industria.

El Poder Del Análisis De Competidores

Para comenzar a utilizar estrategias de precio basadas en la competencia, es crucial que realices un análisis profundo de tus competidores. Esto implica investigar sus productos o servicios, sus precios, sus ventajas competitivas y su presencia en el mercado. Al desglosar esta información, puedes identificar oportunidades para destacar y marcar la diferencia en la mente de los consumidores.

Los Niveles De Competencia Y La Fijación De Precios

En el mundo de los negocios, la competencia puede clasificarse en tres niveles: competencia directa, competencia indirecta y competencia de reemplazo. La competencia directa se refiere a los competidores que ofrecen productos o servicios similares a los tuyos. La competencia indirecta involucra a aquellos que satisfacen la misma necesidad, pero de manera diferente. La competencia de reemplazo implica productos o servicios que cumplen una necesidad similar, pero que pueden no ser obviamente comparables.

Analizar cada uno de estos niveles te permite identificar puntos de precio clave y determinar cómo deseas posicionarte. Algunos emprendedores optan por establecer precios similares a los de su competencia directa, mientras que otros eligen diferenciarse ofreciendo una propuesta de valor única.

Diferenciación Inteligente: El Camino hacia Precios Óptimos

Una vez que hayas recopilado datos valiosos sobre tus competidores y hayas identificado los niveles de competencia relevantes, es hora de abordar la cuestión clave: ¿cómo te diferenciarás de manera efectiva en el mercado? La diferenciación es esencial para establecer precios óptimos que reflejen el valor que ofreces.

La diferenciación puede tomar muchas formas. Puede estar relacionada con la calidad superior de tus productos o servicios, con una experiencia de cliente excepcional o incluso con la incorporación de características únicas que tus competidores no ofrecen. La clave es encontrar un punto de diferenciación que resuene con tu público objetivo y justifique tus precios.

Imagina a Marta, una apasionada profesora de educación física que ha decidido aventurarse en el mundo del personal training. Con una creciente competencia en el mercado, Marta se enfrenta al desafío de establecer precios que reflejen el valor excepcional que ofrece a sus clientes. Para abordar esta cuestión, Marta decide realizar un análisis profundo de su competencia directa, indirecta y de reemplazo.

En su análisis de la competencia directa, Marta investiga a otros entrenadores personales en su área que ofrecen servicios similares. Identifica sus enfoques, precios y valor agregado. A través de este análisis, Marta descubre que algunos entrenadores se centran principalmente en la preparación física general, mientras que otros se especializan en entrenamiento de fuerza. Esta información le permite a Marta visualizar un nicho único para sí misma.

Marta también considera la competencia indirecta, como gimnasios y aplicaciones de entrenamiento en línea. Observa que aunque ofrecen opciones de entrenamiento, carecen del componente personalizado que solo un entrenador personal puede brindar. Este hallazgo la convence de que su enfoque individualizado tiene un valor real y puede justificar una tarifa más alta.

Además, Marta explora la competencia de reemplazo: opciones alternativas que sus clientes podrían considerar. Encuentra que algunos de sus clientes potenciales podrían optar por clases en grupo en gimnasios locales. Sin embargo, Marta destaca cómo su enfoque uno a uno permite abordar las necesidades específicas y objetivos individuales de cada cliente, lo que los hace más propensos a alcanzar resultados concretos.

Armada con estos conocimientos, Marta decide implementar una diferenciación inteligente en su estrategia de fijación de precios. Ella se centra en destacar su enfoque personalizado, su especialización en entrenamiento de resistencia y su historial de éxito en ayudar a los clientes a alcanzar objetivos específicos. Al comunicar estas ventajas a su audiencia, Marta puede establecer precios óptimos que reflejen el valor exclusivo que ofrece.

La historia de Marta ilustra cómo un profesor de educación física que ofrece servicios de personal training puede utilizar un análisis detallado de la competencia para lograr una diferenciación inteligente. Al identificar un nicho único, resaltar su enfoque personalizado y justificar sus precios a través de la competencia directa, indirecta y de reemplazo, Marta está en camino de establecer tarifas que reflejen su auténtico valor en el mercado.

El Equilibrio entre Precios Competitivos y Margen de Beneficio

Establecer precios competitivos no significa sacrificar tus márgenes de beneficio. De hecho, el objetivo es todo lo contrario: lograr un equilibrio que te permita mantener una ventaja competitiva sin comprometer tus ganancias. Esto se logra mediante una combinación de investigación de mercado, análisis financiero y comprensión de la percepción de valor de tus clientes.

Recordemos que una técnica efectiva para determinar tus precios es la "fijación de precios basada en el valor percibido". Esto implica establecer precios en función de la percepción de valor que tus productos o servicios ofrecen a tus clientes. Si los clientes perciben un alto valor en lo que ofreces, estarán dispuestos a pagar un precio más alto, siempre y cuando cumpla con sus expectativas.

Imagina que tu establecimiento es conocido por servir hamburguesas gourmet hechas con ingredientes frescos y de alta calidad. Tu objetivo es ofrecer una experiencia culinaria única que los clientes valoren y estén dispuestos a pagar. Sin embargo, establecer precios exorbitantes podría alejar a parte de tu clientela local. Aquí es donde entra en juego el equilibrio inteligente entre precios y margen de beneficio.

Una técnica valiosa que podrías emplear es la fijación de precios basada en el valor percibido. En este enfoque, no solo consideras los costos de producción, sino también cómo tus clientes ven tu oferta gastronómica. Al establecer tus precios en función de la experiencia que ofreces, estás alineando tus precios con la percepción de valor que tus hamburguesas artesanales brindan.

Supongamos que ofreces una hamburguesa especial con ingredientes únicos y acompañamientos exclusivos que la hacen destacar. Mediante la fijación de precios basada en el valor percibido, podrías establecer un precio ligeramente más alto para esta hamburguesa en comparación con las opciones estándar. Los comensales que buscan una experiencia gastronómica excepcional estarán dispuestos a pagar más por esa hamburguesa premium.

Es importante tener en cuenta que, para mantener este equilibrio, debes evaluar constantemente tus costos y gastos operativos. Esto te permitirá ajustar tus precios de manera estratégica para garantizar que estén alineados con la experiencia que ofreces y los márgenes de beneficio que deseas mantener.

En el contexto de tu restaurante local de hamburguesas artesanales, el equilibrio entre precios competitivos y margen de beneficio es clave. Mediante la fijación de precios basada en el valor percibido, puedes establecer precios que reflejen la experiencia culinaria única que ofreces. Al hacerlo, atraerás a los amantes de las hamburguesas gourmet que valoran la calidad y la singularidad de tu oferta, al tiempo que aseguras que tu negocio sea financieramente viable y próspero.

La Importancia De La Flexibilidad En La Fijación De Precios

El entorno empresarial está en constante cambio. Las tendencias, la demanda del mercado y la competencia evolucionan con el tiempo. Por lo tanto, es esencial mantener la flexibilidad en tus estrategias de precio. No temas ajustar tus precios según las condiciones cambiantes del mercado. La flexibilidad te permite mantener tu competitividad y responder a las dinámicas en evolución de la industria.

Conclusión y Recomendaciones

En este punto, has entrado en un territorio donde la competencia no es una amenaza, sino una fuente de inspiración. Al comprender y aplicar estrategias de precio basadas en la competencia, has adquirido una herramienta poderosa para llevar tu negocio al siguiente nivel. A medida que avanzamos en este capítulo, te equipamos con conocimientos sólidos y tácticas probadas que te permitieron comprender mejor no solo como diferenciarte en el mercado, sino también mantener márgenes de beneficio saludables y alcanzar el éxito deseado. La fijación de precios basada en la competencia es un arte y adaptarte a los cambios del mercado puede ser crucial para que logres fijar los mejores precios para tus productos o servicios.

Acción Práctica: Antes de sumergirte en los ejemplos y estrategias en la siguiente sección, toma un momento para reflexionar sobre tus competidores y cómo se están posicionando en el mercado. ¿Qué puedes aprender de ellos? ¿Dónde ves oportunidades para diferenciarte? Estas reflexiones te prepararán para aprovechar al máximo las estrategias que exploraremos a continuación.

CAPÍTULO 7: ESTRATEGIAS DE CROSS-SELLING Y UPSELLING: AUMENTA EL VALOR DE CADA TRANSACCIÓN

T e doy la bienvenida al emocionante y último capítulo del libro, en este tramo final de nuestro viaje te conducirá a través de las estrategias de cross-selling y upselling, dos métodos poderosos para aprovechar al máximo cada oportunidad de venta. Descubrirás cómo identificar sinergias entre productos o servicios, y cómo presentar estas ofertas de manera persuasiva para que los clientes elijan opciones que se alineen con sus necesidades y deseos. Desde aquí, estarás listo para enfrentar el mundo del marketing con una perspectiva fresca y poderosa, llevando contigo una comprensión profunda de cómo los precios y las promociones pueden ser aprovechados para alcanzar el éxito. ¡Prepárate para llevar tu negocio a nuevas alturas!

Maximizando el Valor del Cliente

La competencia en el mundo empresarial actual no solo se trata de adquirir nuevos clientes, sino también de maximizar el valor de aquellos que ya han decidido confiar en tu marca. Aquí es donde entran en juego las estrategias de cross-selling y upselling. Estas técnicas te permiten ofrecer a tus clientes productos o servicios adicionales que complementen sus compras originales o que representen una mejora significativa. No se trata solo de vender más, sino de agregar auténtico valor a la experiencia del cliente.

La Diferencia Entre Cross-Selling Y Upselling

Es fundamental comprender la distinción entre cross-selling y upselling antes de sumergirse en las estrategias. El cross-selling implica ofrecer productos o servicios relacionados con la compra original. Por ejemplo, si un cliente compra una laptop, puedes ofrecerle una funda protectora o un mouse adicional. Por otro lado, el upselling implica presentar una versión mejorada o más completa del producto original. Si un cliente está considerando comprar un teléfono celular, podrías ofrecerle una versión con más capacidad de almacenamiento o características avanzadas.

Identificando Oportunidades De Cross-Selling Y Upselling

El arte de aplicar estrategias de cross-selling y upselling radica en la identificación de oportunidades adecuadas. La clave está en comprender las necesidades y deseos de tus clientes. ¿Qué productos o servicios complementarían su compra actual? ¿Qué mejoras podrían hacer que su experiencia sea aún más gratificante? Realiza un análisis exhaustivo de tu catálogo y considera cómo diferentes elementos pueden combinarse para crear paquetes irresistibles.

Comunicando Ofertas De Manera Efectiva

La manera en que presentas tus ofertas de cross-selling y upselling es esencial para el éxito. La sutileza es crucial; tus clientes no deben sentirse presionados o abrumados. Comunica las opciones adicionales como oportunidades que pueden mejorar su experiencia o resolver un problema específico. Utiliza un lenguaje persuasivo pero no intrusivo, y muestra cómo los productos o servicios adicionales pueden ser beneficiosos para ellos. Miremos un ejemplo comparativo para entender mejor como crear este tipo de ofertas.

Comunicación de Oferta de UpSelling de Manera Efectiva:

¡Mejora la Experiencia de Tu Peludo con Estilo!

Sabemos que cuidar a tu mascota es tu prioridad. Por eso, hemos preparado algo especial para consentir a tu peludito. Por cada servicio de grooming canino, recibe un 20% de descuento en un relajante tratamiento de spa.

Comunicación no Efectiva de Up Selling:

¡Oferta de Grooming Canino + Tratamiento de Spa!

¡Combina y Ahorra! Ofrecemos un 20% de descuento en grooming canino al comprar un tratamiento de spa. ¡Llámanos ya para aprovechar esta oferta!

Comparación:

En la comunicación efectiva de la oferta de Up Selling, se destaca cómo mejorar la experiencia del peludo con un tratamiento adicional. Se utiliza un tono enfocado en brindar un cuidado excepcional y se muestra el valor adicional del tratamiento de spa.

En la comunicación no efectiva de Up Selling, se menciona la combinación de servicios, pero no se comunica claramente el valor adicional que aporta el tratamiento de spa. La oferta se presenta de manera genérica y se enfatiza en el descuento, sin resaltar cómo el tratamiento de spa puede beneficiar a la mascota.

Evitando La Sensación De Insistencia

Una de las preocupaciones comunes al aplicar estas estrategias es parecer demasiado insistentes. La clave aquí es el enfoque. En lugar de imponer las ofertas, enfócate en educar a tus clientes sobre las ventajas que pueden obtener al elegir productos o servicios adicionales. Proporciona información útil y relevante que les permita tomar decisiones informadas, en lugar de sentir que están siendo presionados.

Diseñando Paquetes De Valor

La creación de paquetes es una técnica efectiva para aumentar la percepción de valor en las ofertas de cross-selling y upselling. Al agrupar productos o servicios relacionados, puedes mostrar a tus clientes cómo estos elementos funcionan de manera sinérgica para satisfacer sus necesidades. Diseña paquetes que resuelvan problemas específicos o que ofrezcan una experiencia más completa. Recuerda que la coherencia y la relevancia son esenciales para que los paquetes sean atractivos. Veamos algunos ejemplos,

Ejemplo 1: Nutricionista - Programa Integral de Salud *Oferta de Cross-Selling*

El nutricionista ha creado un programa integral de salud que incluye consultas nutricionales personalizadas, planificación de comidas y seguimiento regular. Para aprovechar la estrategia de cross-selling, podría ofrecer a los clientes la posibilidad de agregar a su programa un paquete de suplementos vitamínicos específicos para complementar su enfoque de salud. Esta oferta aprovecha la relación existente con el cliente y agrega valor adicional al programa, resaltando cómo los suplementos pueden mejorar los resultados obtenidos a través del programa integral.

Ejemplo 2: Restaurante de Comida Japonesa - Cena Experiencial

Oferta de Upselling

El restaurante de comida japonesa ofrece un menú de sushi de alta calidad. Para aplicar la estrategia de upselling, el restaurante podría ofrecer a los clientes la opción de mejorar su experiencia culinaria a través de un paquete de cena experiencial. Este paquete podría incluir una selección de sushi premium, maridada con sake de alta gama y un postre exquisito. Al diseñar este paquete de upselling, el restaurante muestra cómo los elementos combinados elevan la experiencia del cliente a través de la variedad y calidad de los productos ofrecidos.

Ejemplo 3: Tienda de Ropa de Playa - Set de Verano Completo

Oferta de Cross-Selling y Upselling

La tienda de ropa de playa tiene una línea de trajes de baño, pareos y accesorios. Para aplicar una estrategia combinada de cross-selling y upselling, podrían crear un "Set de Verano Completo". Este set incluiría un traje de baño, un pareo a juego y una selección de accesorios como gafas de sol y sombrero. Al ofrecer este set, la tienda está utilizando el cross-selling al agrupar productos relacionados que se complementan entre sí. Además, el upselling se aplica al brindar opciones premium para cada elemento del set, como trajes de baño de alta gama o accesorios exclusivos.

Explicación de las Estrategias Utilizadas:

Ejemplo 1 (Cross-Selling): El cross-selling se aplica al ofrecer a los clientes un producto adicional relacionado con el programa existente. En este caso, los suplementos vitamínicos complementan el programa integral de salud del nutricionista, brindando un valor adicional y mostrando cómo los productos trabajan juntos para mejorar la salud del cliente.

Ejemplo 2 (Upselling): La estrategia de upselling se emplea al ofrecer a los clientes la opción de mejorar su experiencia actual mediante la adición de elementos premium. En este caso, el restaurante ofrece una experiencia de cena más completa y sofisticada, lo que eleva la experiencia del cliente y aumenta el valor percibido.

Ejemplo 3 (Cross-Selling y Upselling): Este ejemplo combina ambas estrategias. El cross-selling se realiza al agrupar productos relacionados en un set de verano completo, y el upselling se aplica al ofrecer opciones premium para cada elemento del set. De esta manera, se ofrece una experiencia completa y personalizable para el cliente.

En todos estos ejemplos, la creación de paquetes de valor aprovecha tanto el cross-selling como el upselling para maximizar el valor para el cliente y generar mayores ingresos para el negocio. La coherencia y la relevancia son elementos clave para que estas ofertas sean atractivas y efectivas.

Conclusiones y Recomendaciones

Las estrategias de cross-selling y upselling son herramientas poderosas para aumentar el valor de cada transacción y enriquecer la experiencia del cliente. A través de una comprensión profunda de las necesidades y deseos de tus clientes, así como de una comunicación efectiva y un enfoque en el valor genuino, puedes aplicar estas tácticas de manera ética y exitosa. Al agregar valor a cada interacción, no solo aumentas tus ingresos, sino que también fortaleces la relación con tus clientes y te posicionas como una marca que se preocupa por satisfacer sus necesidades.

En el siguiente capítulo bonus, exploraremos la fase crucial de llevar a la práctica todo lo que has aprendido sobre tus estrategias de fijación de precios y promociones. Aquí, nos sumergiremos en la implementación efectiva de tus conocimientos y te proporcionaremos ejercicios prácticos diseñados para cada uno de los capítulos del libro. Este capítulo no solo consolidará tu comprensión de las estrategias presentadas, sino que también te guiará en la creación de un cronograma de aplicación a lo largo de un período de 6 meses. Con esta hoja de ruta detallada, estarás listo para llevar tus ideas del papel a la realidad y experimentar los resultados tangibles que estás buscando en tu negocio.

CAPÍTULO 8: BONUS - EJERCICIOS PRÁCTICOS PARA LA EXCELENCIA EN MARKETING

Bienvenido al capítulo de bonificación, una etapa emocionante en tu viaje hacia la maestría en estrategias de fijación de precios y promociones. En este capítulo, dejaremos atrás la teoría y nos sumergiremos en la acción. Aquí encontrarás una colección de ejercicios prácticos diseñados específicamente para aplicar las estrategias que has aprendido a tu propio negocio. Estos ejercicios te brindarán la oportunidad de llevar la teoría a la práctica, ajustar tus habilidades y sentir la satisfacción de ver resultados tangibles.

Ejercicio 1: Encuentra Tu Enfoque Único

Un paso crucial en la implementación exitosa de las estrategias de fijación de precios y promociones es identificar lo que te hace único en el mercado. Tu primer ejercicio consiste en realizar un análisis detallado de tu negocio y encontrar ese factor diferenciador que resuena con tus clientes. ¿Es la calidad superior de tus productos? ¿Ofreces un servicio excepcional? ¿Tienes un enfoque único en el diseño? Identificar este punto de diferenciación te ayudará a establecer precios y crear promociones que reflejen con precisión el valor que ofreces.

Ejercicio 2: Diseña Tu Propia Estrategia De Promoción

Es hora de dejar volar tu creatividad. Utilizando lo aprendido sobre las estrategias de promoción persuasiva, diseña una promoción que sea atractiva y efectiva para tu público objetivo. Ten en cuenta la psicología del consumidor, la escasez y la urgencia, y cómo esta promoción puede generar un impacto emocional. Puedes considerar descuentos, bundles, regalos o cualquier otra técnica que creas que resonará con tus clientes.

Ejercicio 3: Segmentación De Mercado Y Personalización

La segmentación inteligente del mercado es un componente clave en el éxito de las estrategias de marketing. Para este ejercicio, elige uno de tus productos o servicios y crea un perfil detallado de tu cliente ideal. Define sus características demográficas, necesidades, deseos y desafíos. A partir de este perfil, adapta tus estrategias de fijación de precios y promociones para satisfacer las necesidades específicas de este segmento.

Ejercicio 4: Creando Escasez Y Urgencia

La escasez y la urgencia son poderosas herramientas psicológicas en el marketing. Imagina que tienes un producto o servicio que deseas destacar. Diseña una estrategia que utilice la escasez y la urgencia para incentivar a tus clientes a tomar acción rápidamente. Esto podría ser una promoción de tiempo limitado o una cantidad limitada de productos disponibles. Asegúrate de comunicar claramente los términos y beneficios de esta estrategia.

Ejercicio 5: Aumento Del Ticket Promedio De Venta

Uno de los objetivos principales es aumentar el valor de cada transacción. Selecciona un producto o servicio y crea un plan para implementar técnicas de up-selling y cross-selling. Considera cómo puedes presentar opciones adicionales de manera persuasiva, de modo que los clientes vean el valor agregado y estén dispuestos a gastar más.

Ejercicio 6: Aplicación En El Mundo Digital

En la era digital, la promoción en línea es fundamental. Elige una plataforma digital en la que tu negocio esté presente (como redes sociales o email marketing) y crea una campaña promocional. Esto podría ser un anuncio en redes sociales, un correo electrónico promocional o cualquier otro formato digital. Asegúrate de que la promoción refleje la esencia de tu negocio y sea coherente con tu marca.

Ejercicio 7: Implementa Tu Estrategia De Fijación De Precios

Selecciona uno de tus productos o servicios y aplica una estrategia de fijación de precios que hayas aprendido en este libro. Considera factores como el valor percibido por el cliente, los costos involucrados y la competencia en el mercado. Realiza un análisis completo antes de tomar una decisión final.

Ejercicio 8: Análisis Y Evaluación Continua

La implementación exitosa de las estrategias de marketing requiere una evaluación constante y ajustes según sea necesario. El último ejercicio consiste en establecer un sistema para monitorear el rendimiento de las estrategias que has aplicado. Define métricas clave, como el aumento de las ventas, el aumento del valor promedio de la transacción y la retroalimentación de los clientes. Utiliza esta información para realizar ajustes y mejoras continuas.

Cada uno de estos ejercicios está diseñado para brindarte una experiencia práctica y aplicable. Al completarlos, estarás adquiriendo confianza en la implementación de estrategias de fijación de precios y promociones en tu propio negocio. Recuerda que estos ejercicios son una inversión en tu crecimiento y éxito a largo plazo.

A medida que avanzas, no dudes en adaptar y personalizar estas estrategias para que se ajusten a tu situación única. El marketing es una combinación de principios universales y creatividad individual, y estos ejercicios te brindan la oportunidad de fusionar ambos aspectos de manera efectiva.

Felicitaciones por llegar hasta aquí y por tu compromiso con la excelencia en marketing. ¡Estás en el camino correcto para transformar tu negocio y alcanzar nuevos niveles de éxito!

Cronograma de Aplicación de 6 Meses

Mes 1 Y 2: Fundamentos Y Diferenciación

- **Semana 1-2:** Lectura y comprensión del capítulo de Bonificación.
- **Semana 3-4:** Ejercicio 1 - Encuentra tu Enfoque Único.
- **Semana 5-6:** Investiga y analiza tus competidores para identificar oportunidades de diferenciación.
- **Semana 7-8:** Diseña una propuesta de valor que resalte tus diferenciadores clave.

Mes 3 Y 4: Estrategias De Precios Y Promociones

- **Semana 9-10:** Ejercicio 2 - Diseña tu Propia Estrategia de Promoción.
- **Semana 11-12:** Ejercicio 3 - Segmentación de Mercado y Personalización.
- **Semana 13-14:** Ejercicio 4 - Creando Escasez y Urgencia.
- **Semana 15-16:** Explora técnicas avanzadas de fijación de precios y cómo aplicarlas a tus productos o servicios.

Mes 5 Y 6: Implementación Y Evaluación

- **Semana 17-18:** Ejercicio 5 - Aumento del Ticket

Promedio de Venta.

- **Semana 19-20:** Ejercicio 6 - Aplicación en el Mundo Digital.

- **Semana 21-22:** Ejercicio 7 - Implementa tu Estrategia de Fijación de Precios.

- **Semana 23-24:** Ejercicio 8 - Análisis y Evaluación Continua.

- **Semana 25-26:** Resumen y planificación para la implementación a largo plazo.

Plan de Aplicación

Primer Mes: Fundamentos Y Diferenciación

- Lee el capítulo de Bonificación para comprender los ejercicios y su propósito.

- Completa el Ejercicio 1 - Encuentra tu Enfoque Único.

- Investiga a tus competidores y anota posibles diferenciadores.

- Comienza a esbozar tu propuesta de valor única.

Segundo Mes: Fundamentos Y Diferenciación

- Refina tu propuesta de valor basada en tus hallazgos.

- Considera cómo puedes integrar tu propuesta de valor en las estrategias de precios y promociones.

Tercer Mes: Estrategias De Precios Y Promociones

- Realiza el Ejercicio 2 - Diseña tu Propia Estrategia de Promoción.

- Identifica segmentos de mercado específicos para

aplicar las estrategias.

- Explora más ejemplos de escasez y urgencia en el mercado.

Cuarto Mes: Estrategias De Precios Y Promociones

- Completa el Ejercicio 3 - Segmentación de Mercado y Personalización.
- Investigar técnicas avanzadas de fijación de precios y promociones.
- Evalúa cómo podrías aplicar estas técnicas a tu propio negocio.

Quinto Mes: Implementación Y Evaluación

- Realiza el Ejercicio 5 - Aumento del Ticket Promedio de Venta.
- Experimenta con el Ejercicio 6 - Aplicación en el Mundo Digital.
- Comienza a planificar cómo implementarás tu estrategia de fijación de precios.

Sexto Mes: Implementación Y Evaluación

- Ejecuta el Ejercicio 7 - Implementa tu Estrategia de Fijación de Precios.
- Completa el Ejercicio 8 - Análisis y Evaluación Continua.
- Evalúa los resultados de tus estrategias y ajusta según sea necesario.
- Resumen de los aprendizajes y cómo planificar la implementación a largo plazo.

Este cronograma y plan de aplicación te brindará una guía paso a paso para aplicar efectivamente las estrategias de fijación de precios y promociones en tu negocio durante un período de seis meses. Siguiendo este plan, podrás organizar tus esfuerzos, comprender las etapas de implementación y garantizar que cada ejercicio sea abordado de manera completa y efectiva. Recuerda que la paciencia y la persistencia son clave en este proceso, ya que las estrategias de marketing efectivas toman tiempo para generar resultados duraderos. ¡Buena suerte en tu viaje hacia el éxito empresarial!

Conclusiones y Reflexiones Finales

Llegamos al final de este emocionante viaje, un viaje que te ha llevado a través de las profundidades del arte de la fijación de precios y la creación de promociones.

A lo largo de este libro, hemos desglosado diversas estrategias maestras de fijación de precios y promociones, proporcionándote una guía completa para enfrentar los desafíos del mercado actual. Desde la importancia de establecer precios que reflejen el valor real de tus productos o servicios hasta la creación de promociones que generen un sentido de urgencia y escasez, hemos explorado en profundidad cada aspecto del proceso. Además, hemos discutido cómo segmentar tu mercado, aplicar técnicas de competencia y aprovechar las oportunidades digitales para maximizar el impacto de tus estrategias.

Ahora que tienes este conocimiento a tu disposición, es fundamental que te enfoques en la implementación constante. Cada capítulo te ha proporcionado consejos y ejemplos prácticos que puedes incorporar de inmediato en tus operaciones diarias. No subestimes el poder de la acción continua y sistemática. La consistencia en la implementación es la clave para cosechar resultados tangibles.

Algunas de las estrategias pueden requerir ajustes y refinamientos a medida que las apliques en tu negocio. La adaptabilidad es otro componente crucial para el éxito en el mundo del marketing. A medida que evolucionan las tendencias del mercado y cambian las preferencias de los clientes, es importante estar dispuesto a ajustar tus enfoques y tácticas. Mantén un ojo atento a las señales del mercado y sé flexible en tu enfoque para asegurarte de que tus estrategias sigan siendo relevantes y efectivas.

Al considerar lo que has aprendido en este libro, visualiza el impacto que estas estrategias pueden tener en tu negocio a lo largo del tiempo. Imagina un aumento constante en tus ventas, una base de clientes más leal y un crecimiento sostenible que te permita alcanzar tus metas. Sin embargo, recuerda que el éxito no ocurre de la noche a la mañana; es el resultado de la dedicación, la perseverancia y la aplicación constante de estrategias inteligentes.

En tu viaje hacia el éxito, es importante recordar que el aprendizaje es un proceso continuo. Mantén una mente abierta a nuevas ideas y enfoques a medida que avanzas en tu carrera como emprendedor. El mundo del marketing está en constante evolución, y mantenerse al día con las últimas tendencias y técnicas te dará una ventaja competitiva. Participa en seminarios, talleres y grupos de discusión para mantener tu conocimiento actualizado y enriquecer tus habilidades.

Finalmente, nunca subestimes el poder del networking y la colaboración. Conéctate con otros emprendedores, comparte experiencias y aprendizajes, y busca oportunidades para colaborar en proyectos y estrategias conjuntas. La comunidad de emprendedores es una fuente inagotable de inspiración y apoyo mutuo, y puede brindarte valiosos conocimientos y perspectivas.

Así que, querido emprendedor, este es tu momento. Estás equipado con conocimientos sólidos, estrategias efectivas y una mentalidad orientada al éxito. Tu viaje hacia el éxito está en marcha, y cada paso que tomes te acercará más a tus metas. Implementa, adapta y avanza con confianza en el camino que has trazado. Recuerda que el éxito no es solo el destino; es el viaje que emprendes y las decisiones que tomas en el camino. ¡Aquí tienes las herramientas, ahora es tu turno de hacerlas brillar en tu negocio y tu vida!

AVISO LEGAL

¡Aviso legal! Las estrategias y consejos presentados en este libro son guías generales y deben adaptarse a las circunstancias específicas de tu negocio. El éxito no está garantizado y depende de varios factores, incluidos cambios en el mercado y la implementación adecuada de las estrategias.